환희로운 _____ 님께 드립니다.

당신은 부처님입니다.

부처님을 그리고 쓰며 채우는 불교 컬러링북

날마다 부처님

무여 지음

그봄
그봄출판사는 온전한 세상을 있는 그대로 보는 안목을 기르고, 행복을 나누며 사는 아름다운 세상을 꿈꿉니다. 감사와 사랑의 마음으로 세상을 살아가는 데 도움 되는 책을 만듭니다.

부처님을 그리고 쓰며 채우는
불교 컬러링북
날마다 부처님
ⓒ무여, 2023

초판 1쇄 발행 2023년 2월 13일
초판 2쇄　　　2023년 4월 5일

지은이　무여
발행인　박주희
기획·편집·디자인　창작집단 일상다감사(한산, 무여)
펴낸곳　그봄출판사
출판등록　2022년 9월 13일 제 2022-000003호
주소　경남 통영시 도남로 195, 4층 그봄출판사
이메일　see_asitis@naver.com
블로그　https://blog.naver.com/see_asitis

ISBN 979-11-980665-1-0(03650)
파본은 구매처에서 바꾸어 드립니다.

부처님을 그리고 쓰며 채우는 불교 컬러링북

날마다 부처님

들어가며

> 어린아이가 놀면서 모래를 쌓아 탑을 만들어도,
> 이와 같은 모든 사람들은 이미 불도를 성취한 것이다. 『법화경』
> 乃至童子戲 聚沙爲佛塔 如是諸人等 皆已成佛道. 『法華經』

제가 만난 부처님은 친절하고, 자상하며, 자비로운 분입니다. 행복의 길을 먼저 가셨고, 누구나 그 길을 갈 수 있도록 열어 보여 주셨지요. 2,560여 년이 지난 현재까지도 그 가르침이 전해져 오니 참 감사한 일입니다.

부처님의 미소를 그릴 때 함께 웃고 있는 나 자신을 발견합니다. 부처님을 그리며 편안하고 환희로웠던 순간들이 모여 한 권의 책으로 완성되었습니다. 〈날마다 부처님〉은 자유롭게 부처님을 그리고, 부처님 명호를 쓰며, 부처님의 말씀으로 채우는 컬러링북입니다. 부처님을 생각하는 마음으로 그리고(사불), 쓰며 채우고(사경), 입으로 외운다면(염불) 신·구·의 삼업을 맑히는 빛나는 시간이 될 것입니다.

연등에 발원문 쓰는 것을 시작으로 아기부처님, 연꽃을 들어 보이는 부처님, 자성불과 만나는 부처님, 법당을 밝히는 부처님, 설법하는 부처님 등 다양한 부처님을 만날 수 있습니다. 〈날마다 부처님〉을 만나는 모든 이들이 환하게 깨어있는 마음으로 지금 이 순간 행복하기를 발원합니다.

무여

사용방법

그리고, 쓰며, 채우기 전에
숨을 크게 들이마시고, 내쉬기를 3번 하며 편안한 마음과 이완된 몸으로 시작합니다.

부처님을 그리다
연필, 색연필, 사인펜, 오일파스텔 등 다양한 재료를 사용하여 날마다 새로운 부처님을 그리고 색칠합니다.

부처님 명호를 쓰다
'나무석가모니불', '나무아미타불', '나무관세음보살', '나무지장보살' 등 불보살님의 명호를 씁니다. 색색의 컬러로 자유롭게 꾸며 보세요.

부처님 말씀을 채우다
좋아하는 경전 또는 진언으로 공간을 채울 수 있습니다.

나만의 작품을 만들다
하나의 작품이 완성되었다면 액자에 넣어 전시해 보세요.
그림의 뒤 페이지는 자유로운 공간입니다. 비워두어도 좋고 나만의 부처님을 그리고, 쓰며, 채울 수 있습니다. 상상력을 마음껏 발휘해 보세요.

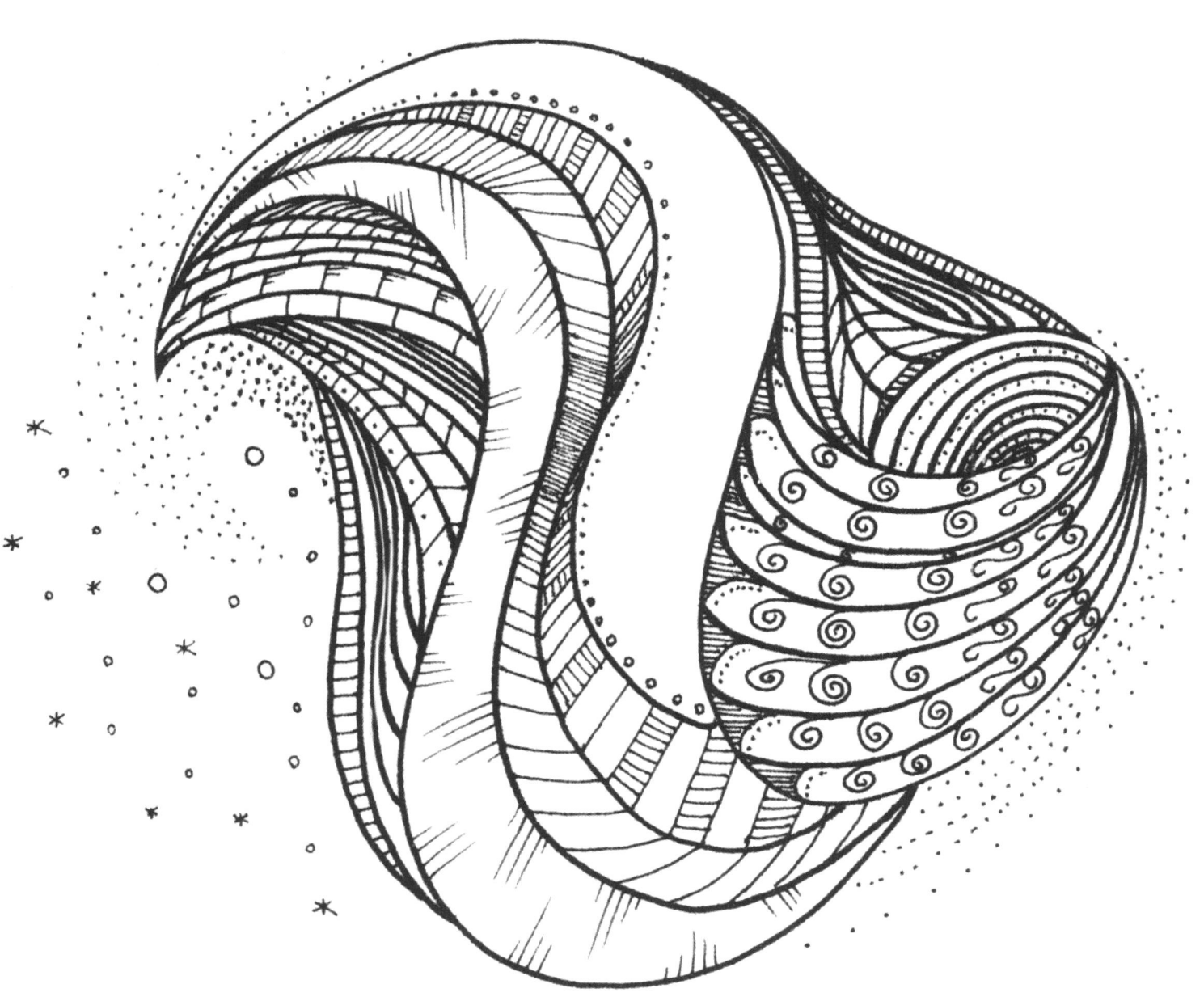

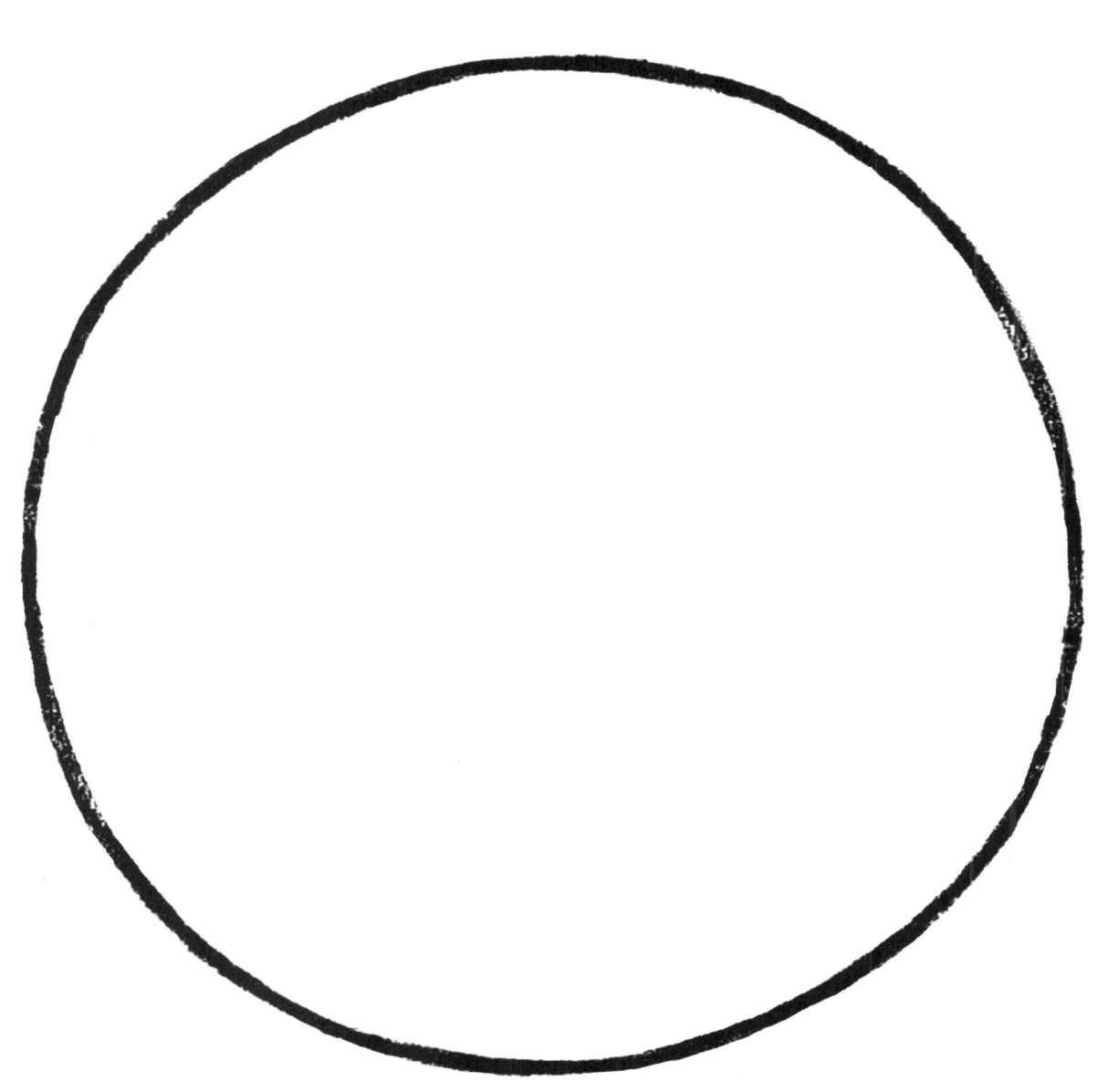

날마다 모두가 부처님